JN440269

눈가에 자주 손이 갔다

이윤승 시집

문학의전당 시인선
0259

눈가에 자주 손이 갔다

이윤승 시집

문학의전당

시인의 말

준 것보다
받은 것이 더 많은 모든 당신에게
고맙다고, 미안하다고
말해주고 싶다

나를 나로 살게 하는 오랜 당신들이
더 이상
희미해지지 않도록

2017년 5월
이윤승

차례

제2부

제3부

제4부

제1부

이슬

긴 밤을 헤쳐 나오며 글썽이던 눈물이다

풀잎의 구전에 의하면
한때 공기층을 떠도는 바람이었다가
투명한 액체로 진화했단다

그 몸뚱이 같다면
세상은 빛으로 가득하겠지만

그냥 뜻 없이 맑은 거라고
그것은 금방 사라질 한때라고
또 덧없음에 비유하지 마라

여린 풀잎들을 다독거리며
치열하게 살아온
손가락 깨물어 쓴 풀잎 위 하얀 혈서

나는 생각하지 않는다 그러나 존재한다

미래를 묻는 바다가 책꽂이에 꽂혀 있다 블랙커피와 설탕커피 쓴맛과 단맛의 경계, 달달한 말을 경계한다

빈둥대는 시간이 많은 볼펜 가위 드라이버 나무젓가락 코바늘 빗이 빈 통을 가득 채우고 있다 몸통이 점점 불룩해진다 개구리는 점프하고 풍선은 날아오르는, 특성이라면 특성이다

의자가 거실에 앉아 바깥 풍경에 몰두한다 담벼락의 이마가 더러 뜨거워진다는 것을 구름은 알고 있다 비 내리는 골목길, 내일은 걷지 않기로 한다 지붕으로 올라간 빗방울들 느린 속도로 낙하한다

삼십 년 훌쩍 넘은 단짝 라디오 날마다 빅뉴스를 내보낸다 비천이라 여겼던 그녀가 짐승의 비천으로 다가온다 몽니는 떨림의 파장이다 입술 떨고 있니?

익숙한 풍경들 낯설어진다 방향을 잃은 바람 나뭇가지들

이 우왕좌왕하는 오후 5시의 방향, 계산기는 배가 고프다 오늘의 대차대조표는 마이너스 알파

혼자서도 가족을 먹여 살렸던, 부모의 경제를 따라가지 못한다는 청년이 '생각하는 사람'처럼 생각하지 않는다 그러나 존재한다 발바닥이 뜨거운 사람은 알 것이다 소멸이라 읽고 생성이라 쓴다

잎사귀 전단지

어둠이 내리는 저녁 시간
한 여자가 버스정류장 옆에서
누런 이파리 전단을 건넨다
'할머니를 찾습니다 이름 오정례 나이 87세
회색 상의 밤색 바지 파란색 고무 슬리퍼를 신음'

다 닳은 신발 굽 같은
버리지 못하여 저 멀리 밀쳐둔 장롱 같은
여든일곱 살 여자
푸른 숲 기억이 떠올라
푸르른 시절로 돌아가고 싶었던 여자
빗장을 열고 가출했단다
토막토막 끊긴 뇌세포 속
모든 길이 폐쇄된 여자

그리하여 지금은 푸른 색소 다 빠져나가 버린 저 누런 잎맥
나, 찬찬히 눈빛 주어본 적 몇 번이나 되는지
오늘 처음 가슴에 묻는다

누구나 푸른 시절은 있다
한 생애 온몸으로 뜨겁게 살다가 때가 되면
가지에 기대지 않으려 온힘으로 버텨보는
저 누런 잎사귀 한 잎

그 잎사귀의 행방이 묘연하다

청매실

봄도 여름도 아닌
계절의 한 페이지를 읽다가

저렇게 탱글탱글 파랗게 여물기까지
햇살 바람 비 적당량 때문이었을까 생각하다가

아무런 내면의 아픔이나 고뇌 없이
저토록 알알이 푸를 수는 없을 거다
생각하다가
천둥소리를 들려주고 싶었는지도 모르겠다고

세상 어미의 마음이 그러하듯
내면을 굳건히 하는 법을 가르쳐주고 싶었을 거라고

푸릇푸릇 면도 자국 난 청년이
유월과 교신하고 있다

그곳 마을에 옛사람들이 살고 있더라

방문 손잡이가 생각에 골몰한다 불면의 맞짱을 뜨는 옷걸이에 매달린 티셔츠의 얼굴이 푸석하다 윗목에 있던 조각난 잠, 문지방을 넘는다 방이 엉거주춤 따라나선다 오늘밤은 너무 고요해 저세상이 보일 듯하다 어렸을 때, 그 강을 건넜다가 사흘 만에 깨어난 은자네 할머니가 '그곳 마을에 옛사람들이 살고 있더라'는 얘기를 작은고모한테 들은 적이 있다 적막을 깨며 처걱처걱 들려오는 오차 없는 발걸음 소리, 어디로 가는 것일까 부지런히 가고 있는 그를 마주쳐 지나 내가 배설했던 시간 속으로 걸어간다 현실은 현실이어서 꿈이 되었던, 꿈은 꿈일 뿐이어서 슬펐던 지난 길이 모두 실패라고 말하지는 않겠다 어둠도 오래도록 바라보고 있으면 빛으로 다가온다는 거, 조급한 듯 초연한 듯 시시각각 걸어가는 발걸음이 낡은 것이 아니라 새롭다는 거, 긴 생각을 깨고 방이 따라 들어오면 창문 너머로 하루가 희끄무레 돌아오고 있다

낯선 문장의 기억

책상 위에 내가 펼쳐져 있다

나를 낯설어하며
곁을 주지 않는 문장들
애써 가까이 다가가 보지만
키득키득 웃으며 사방으로 흩어진다

나의 바깥에 낯설게 서 있는
그를 생각하다가
그의 바깥에서 겉돌고 있는
나를 생각하다가

나도 내가 낯설다고 느껴질 때쯤
낡은 기억을 밀치며

덜 잠긴 수도꼭지에서 물 떨어지듯
뚝 뚝 뚝 떨어지다가
가늘게 흘러나오다가

콸콸 쏟아지며 다가오는 의미들

새 문장의 소름이 새순처럼 돋아나고 있는 시간

누구나 맨 처음은 낯설게 다가오는 것이라고
책상이 가만히 귓속말하고 있다

일기예보

삐거덕거리는 솜틀을 막 빠져나온 목화솜들이
새들의 길 위에 펼쳐 있다

뭉텅뭉텅 풀린 저것을
새의 징검다리라 부르고 싶다

새들은 폴짝 뛰어 건널 수 있겠다
매어본 적 없는 징검다리
오늘은 새의 길을 따라 흘러가자 한다

징검다리도 어떤 날은
아이스크림처럼 스르르 녹는다
해를 숨기며 바람의 출처를 기록한다

지금 보이는 것은
일시적 무늬일 뿐이라고
징검다리는 스스로 말하지 않는다

다섯 계절을 지나온 바람이 내일은
북동쪽에 걸쳐
새의 날개 무늬 구름이 있다고
바람의 언어로 말하고 있다

어머니가 자신의 몸을 해독하며
내일의 하늘을 점치고 있다

쓸쓸한 오후

드르륵, 가게 문을 열고 중년 남자가 들어선다
어깨에 깊은 겨울이 내려앉아 있다
진눈깨비 흩뿌리는 길을 질질 끌고 왔는지
흠뻑 젖어 있는 바짓단
닳은 구두 뒷굽이 걸어온 길을 증명하고 있다
양말을 고르느라 겨드랑이에서 내려놓은 누런 봉투
삐죽이 삐져나온 이력서가 군데군데 젖어 있다
삶은 슬픔 쪽으로 먼저 물기가 번지는 것인지 모른다
여기서 갈아 신으세요
거스름돈을 주머니에 넣는 사내에게 의자를 내밀었다
발갛게 젖은 발에 얼른 양말을 끼워 넣고
멋쩍어하며 서둘러 가게를 빠져나간다
바닥에 닿자마자 형체도 없이 사라져버리는 눈처럼
사내의 이력서도 수없이 퇴짜를 맞았을 것이다
터벅터벅 걸어가는 뒷모습이
오래도록 눈에 밟히는 오후

옥상에서

말갛게 씻은 하늘 한 장 옥상에 널었다
꼬들꼬들 잘 마른 햇살 몇 말 수직으로 꽂혔다
잡힐 듯 부드러운 바람의 감촉
꽃이 되고 싶은 동동 떠다니는 씨앗
새들의 음계를 비명으로 읽는다
솜사탕 구름 몇 조각 덤이다
지붕 나무 산들의 꼭대기가 선명하게 보인다
높은 곳은 오르고 싶다
내 안에 내장된 오랜 습성 때문이다
꼭대기에 가볍게 착지한 깃털이 있단다
꼭대기는 한 걸음 한 걸음 올라가는 것이라고
눈 맑은 새가 말하는 소리를 듣는다
골목길이 골짜기가 된다
물길 되어 흐른다
옆집 미용실 아들의 취직 명퇴한 정씨의 재취업
내 집 장만의 꿈 다 이 길로 흘러들어 왔다
방향이 같은 곳으로 흐르는 골목들

봄날, 멀미를 하다

간밤에 꿈을 꾸었습니다
그 나라의 법을 잘 모르기에
예감으로 해몽한 후
아침 일찍 허공의 귀에 대고 꿈 얘기를 합니다

이것은 안 좋은 꿈
얘기를 미리 하면
나쁜 일은 피해 가고 또 감해진다는
오래전 누군가한테 전해들은 말입니다

오늘은 매사에 조심하라고
식구들을 단속하고
운전 조심하고 또 조심해서 하라고 둘째 놈을 잔소리까지 얹어
한 번 더 단속하고
나도 오늘 지극히 착해지려 합니다

귀인이 준 부적이 생각났습니다

믿는 구석이 생기자 갑자기 든든해집니다
어디에 두었더라
가방인지 벗어둔 옷 주머니인지 긴가민가하다가

발을 헛짚어 넘어졌습니다
다행히 별일 아니어서
오늘 꿈땜했다고 고맙게 생각하며
빨간 꽃잎 선명히 찍힌 무릎에 살균소독제를 바르는데요

꿈의 배후가 궁금해지는 봄날 오후
연분홍 꽃잎 분분 흩날립니다

밥상을 생각하는 저녁

죽어 토막 쳐 찢겨서야
제 향기를 온전히 드러내는 뻘떡게나
제주 바다를 끌고 밥상으로 올라온 등 푸른 고등어나
저마다 변신은 무죄라며
네모난 식탁 위에 올라 있다

둘러보니 직선의 길이다
네모난 부엌 싱크대 냉장고 밥상 전자레인지 도마 쟁반…
다시 둘러보니 곡선의 길이다
프라이팬 양푼 주전자 밥그릇 접시 물컵…

한생을 고스란히 바쳐
밥상 위에 다소곳 앉아 있는
누구를 위한 삶이었던가
지나온 날들을 반추해보며
여기까지 걸어온 모든 길이
제 탓임을 아는
저들의 겸손한 자세

길기도 하고 짧기도 한 젓가락 몇 쌍이
직선과 곡선의 가운데를 오가며
혹 치우칠 수도 있는 평형을 잡아주고 있다

용흥사에서

겨울엔 눈 푼푼이 내리고
하얗게 눈 쌓인 골짜기마다 아름다운 그녀가 며칠씩 머물다 떠나가곤 하던
이곳

매화꽃 한 잎 또 한 잎 꽃문을 연다
세상과의 거리는 얼마인가
찰나의 봄, 조각배를 타고 건너고 싶다

한 올 한 올 그늘을 짜며
선 채로 묵언수행 중인
삼백오십 살 느티나무 보살 곁을 조신하게 지난다

지금 편안한가
말없이 물으며
지긋이 내려다보며 미소 짓는 미륵대불
댓돌 위에
가지런히 댓잎 한 켤레 놓여 있다

바람 같은 생을 생각하다가
보리수나무 그늘을 생각하다가
마음 나던 길을 생각하다가
계곡 물소리인 듯 맑은 풍경 소리 따라가니 나 문득 사라지고

용구산 자락
다포 겹치마 팔작지붕 대웅전에서
수백 년의 기억을 갖고 있는
동종의 깊고 푸른 새벽 종소리
세상을 깨우며 울려 퍼지고 있다

봄이 일어서는 오후

내 방 창문 앞, 후박나무 빈방을 빌려 비둘기 부부가 이사를 왔다 그들도 출산을 위해 분명 좋은 환경을 물색하였을 터, 후박나무 밑에서 겨울을 건너온 봄동이 입주를 축하하는 듯 파랑파랑하다 비둘기 어미는 불룩해진 배가 부끄러워 깃털 속으로 감추었던 것일까 소리소문없이 우윳빛 같은 뽀얀 알 두 개를 낳았다 터져 나오는 울음을 안으로 삼켜서 그것이 출렁거림인 줄도 몰랐다 날마다 알을 품고 있는 출산 의식이 사뭇 진지하다 그 강한 모성을 지켜보다가 그의 선한 눈망울과 마주칠 때 나도 모르게 먼 곳으로 눈길 돌린다 부족하지도 넘치지도 않는 묘한 감정이 그와 나 사이에 내밀하게 흐르고 있다 둥근 알 속 한 점이 끊임없는 어미의 온기로 완성을 향해가던 열아흐레째 되던 날, 있는 힘 다해 낡은 집 박차고 나온 저를 닮은 어린 새끼 두 마리

한껏, 꽃대 밀어 올린 봄동이 노랑노랑 웃는 오후였다

압화로 피다

팔월 땡볕 아래
토룡 한 마리 시멘트 바닥에 누워 있다
소낙비에 집이 수몰되었을까
길을 잘못 든 것일까
허리 굽혀본 적 없는 전봇대 헛기침만 하고
모르는 척 보도블록은 먼 산만 바라보고
빈터의 늙수그레한 담장이 낡은 옷깃을 세워보지만
그늘을 넓히지 못한다
여과 없이 내리꽂히는 화살촉 햇살들
예고된 절명 앞에 간간이 몸을 뒤척인다
제 한 몸 가려줄 단단한 껍데기 없고
번데기도 되지 못한
그의 꿈은 무엇이었을까
길 아닌 길은 수천 낭떠러지인 줄 모르는
작고 가느다란 몸뚱이
각 없는 몸으로 유연하게 살던
한 생애, 뜨거운 시멘트 바닥 위에
서글프게 압화로 피어나고 있다

바람이라고 쓴다

가게 앞 후박나무 가지 끝에서
낭창낭창 놀던 바람
언제였냐는 듯 슬며시
건너편으로 건너가 놀고 있네
겨울 상품 파격세일 현수막에 들러붙어
탈탈 털리는, 목청 높이는 저 바람
바람맞은 거네

발길 뜸해진 한적한 거리마다
새 주인을 기다리던 진열대의 상품들이
시든 꽃잎처럼 생기를 잃었네
옷걸이에 매달려 누렇게 뜬 옷가지들
언제쯤 퍼덕거리며 폼 나게 날아갈 것인지
주눅 든 거리의 회색 그림자들은
언제쯤 왈츠풍으로 걸어갈 것인지
입술에 침만 바르고 뱉어낸 공약들이
허공에 떠다니네

지난날
고향 학교 바람 색깔에 열무 단처럼 묶여
붓 뚜껑 잡았던 내 손을 원망했었네
나는 내일 또 손을 원망할 것인지

그것은 한날 부는 바람인지
간절한 나의 바람인지

확인

무언가 해야 할 일이 남아 있는 듯
불도 안 끄고
누에처럼 몸을 말아
풋잠 들면

아무도 모르게
가만히 방문 열고
불 끄고
나가는 손

그제야
말았던 몸 쭉 펴고
꿈결인 듯
잠 속으로 걸어들어 간다

제2부

누가 그를 허공으로 밀었을까

비눗방울 후 불었더니
저항도 못하고 허공 속으로 날아올랐다

막대를 의지했던 투명한 비눗방울이
서서히 어디론가 사라졌다

한국계 플뢰르 펠르랭
출생 직후 거리에 버려져 육 개월 만에
프랑스로 입양되었다는

비눗방울은
사랑이라는 이름의 거품이었다
무지갯빛 같은 반짝임은
얼굴을 타고 내린 눈물이었다

나뭇가지에게
붙잡아 달라고 절절한 마음으로 보냈던
구조신호였다

강물의 눈빛을 생각했다

그날 저녁 읍내에서 무슨 일이 있었던 것일까 쫓기던 승용차 한 대가 강을 낀 한적한 산길로 쏜살같이 숨어들었다 외길은 깊은 어둠에 묻혀 있었다

다음날 저수지가 승용차를 밀어 올렸으나 안에 있던 사내는 행방이 묘연했다 이파리들은 바람이 불 때마다 웅성거렸다

독수리가 구름 냄새에 너무 예민하게 반응한 거라고, 이건 등을 떠민 거나 진배없다고 어쩌면 숲속 나무들이 팔을 벌려 숨겨주고 있을지도 모른다고, 그러나 숲도 강물도 눈빛만 슬픈 뿐 입을 닫고 있었다

독수리가 중단했던 강 수색을 물결들이 계속하고 있다는 소문이 간간이 하늬바람에 실려 오곤 했다 그동안 사내는 강의 가장자리 밑바닥에 숨죽인 채 엎드려 숨어 있었다

뒤늦게 달려온 친구는 그날 저녁 함께 술을 마시고 헤어졌다며 믿기지 않은 친구의 주검에 말을 잃은 채 멍하니 먼 하

늘만 바라보았다

왜 당신도 예측할 수 없었던 길을 가게 되었는지, 별들은 아마 알고 있지 않을까? 살얼음이 누워 있는 이월의 강, 늦은 참회의 가슴을 햇살들이 내려와 따스하게 덮어주고 있었다

가을

햇살이 실패에 감겨 있다
풀린 실을 따라나서면
시월이다

항파두리 코스모스
가녀린 일가붙이들이 마을을 이루고 있다

수런수런 바람결에 묻어오는
가을 수다를 다 들을 수는 없지만
햇살이 바지에 엉기고
웃자란 풀들의 씨가 지레 놀라 터지고
땅은 보이지 않는데

하늘이
끝도 없이 펼쳐져 있다

그놈을 기다리는 밤

오늘은 꼭 만나야겠다고 벼르며 앉아 있다 아무리 머리를 짜내며 기다려도 놈이 오지 않는다 아니 벌써 눈치를 채고 더 멀리 달아나고 있는지도 모른다 언제는 내가 오늘 꼭 저를 보겠다고 작정을 한다고 낭창낭창한 노란 달이 어디선가 갑자기 휘영청 둥실 떠오르던가 내가 저를 생각하며 뒤척거리며 심지를 돋으며 자주 하늘가를 서성거리곤 할 때, 조금씩 조금씩 실체를 드러내는 달 같은 그놈,

상처

—다정큼나무에게 사과하다

오월이 반쯤 걸어가고
산발한 어둠 널브러져 있다

뒤풀이를 끝내고 불빛 현란한 거리 모퉁이 돌아서는데
네온 불빛을 달빛처럼 받으며
하얗게 웃고 있는 그녀

술기운 탓이었을까 이름까지 부르며
팔목을 힘껏 잡아당겼는데
한참 동안 실랑이한 기억밖에 없는데
집에 돌아와 팔목의 서늘함에 팔을 올려보니
옷소매가 축축하게 젖어 있다

그녀가 내 손을 뿌리치며
꺾이지 않으려 얼마나 애를 썼는지
펑펑 울었는지
내가 알던 치자가 아닌 걸 그때야 알았다

유연한 그녀, 꺾이지 않았지만
깊은 상처를 주었다
사랑은 그런 게 아니라고, 그녀가
상처로 말하고 있다

노란 꽃 칸나

그러니까 몇 해 전
백 년에 한번 올까 말까 한 물난리에 강이 된 길을 건너다 나자빠져 온몸에 흙탕물을 뒤집어쓴 인도풍의 女子

이게 다 인연 아니겠나 싶어 두어 평 문간방 세입자가 된 女子가 아침마다 쌀을 씻고 밥을 안치더니 여름이 다 가도록 달덩이 같은 노란 꽃다발을 들고 날마다 내 방 창가에 서 있는 것이다

그때부터 나는
눈곱도 떼지 않은 채 젖은 푸른 치맛자락을 털고 있는 그 女子를 보러 창가로 가는 버릇이 생겼다

새살

감지 센서가 없는 곳에서
거래는 이루어졌다
증거를 없애야 했으므로
눈도장만 찍었다
은밀하게 성사된 어둠의 계약서
완벽한 무언극이었다고
내가 나를 속이고 있을 때
중앙 레이더에 포착된
꼬리를 드러낸 비밀의 습성
그물에 코가 박힌 살쾡이 한 마리
몸부림치며 괴로워하는 밤
썩은 영혼에도 새살은 돋아날까

페리세우스 유성우

아침에 일어나 깜짝 놀랐네
별똥별이 내 방 카톡에 떨어져
핸드폰이 몸살을 앓고 있었네

친구 민희는 딸하고 아파트 옥상에 누워
별똥별 세 개를 보며 소원을 빌었다 하고
재수 언니는 서귀포 천문대에서 네 개를 보았다 하고
무뚝뚝한 아들은 옥상에서 별똥별 보려고 세 시간을 기다렸다는데

나는 별똥별 존재를 잊고
대출이자 날짜를 잊고
아이 취직 걱정을 잊고
친딸을 폭행해 사지로 몬 엄마를 잊고
이유 없는 여성화장실 죽음의 억울함을 잊고

열 받은 지구의 찜통더위 속에
에어컨도 못 켜고

네모난 관에 시체처럼 누워 잠이 들었네
경쟁에 밀린 청년처럼 한참을 머뭇거렸네

환상의 빛으로 다가와
너머의 땅으로 떨어진 별똥별을 생각하다가
내일 떠오를 태양을 생각하며 새 희망을 품네

나무가 바람결에 머리를 흔들 때 떨어지는
햇살의 유희처럼
별똥별 몇 개 또 카톡으로 떨어지네

나에게 묻는다

꽃댕강나무 꽃가지 꺾어
책상 위에 놓는다

작은 가지에 오종종히 매달린 흰 별사탕 같은 꽃 파랗게 질려 개미 세 마리를 게워낸다 놀라 허둥대며 갈팡질팡하는 개미들, 잘 살라는 당부를 묶어 멀리 내려놓았다 한참 후 책상 위에서 서성이는 개미들, 설마 하며 더 멀리 내려놓고 잊고 있었는데, 한사코 책상 위로 기어오르는 저것들

무엇일까
저들을 116번 책상 위로 불러들이는 힘은
꽃댕강나무꽃 마음자리
저도 모르게 배어 나오는 것은

유혹

도서관 가는 길
동광성당 앞에서
꽃댕강나무한테 발목 잡혔다

무슨 나비지?

칠월 하순
꽃이고 싶은 내게
꽃댕강이 묻는다

꽃이 피었습니다

아침 티브이 속,
온갖 어려움을 딛고 소위 일류라는 대학에 수석 합격한 한 청년이 출연했다

"중학교 때 어머니가 돌아가시고 멋있게 보이려고 아이들과 어울려 담배도 피워보며 웃어대던 때였지요 어느 날 아버지와 함께 공사장 구내식당엘 간 적이 있었는데 나를 의자에 앉혀놓고 식판을 들고 오던 아버지가 그만 식판을 바닥에 떨어뜨리고 말았습니다 공사판에서 한쪽 팔을 다친 적이 있던 아버지, 식당 아주머니 앞에서 쩔쩔매며 어찌할 줄 모르던, 그때 아, 나도 까닥 잘못하면 아버지처럼 저렇게 식판을 놓치고 말겠구나"

그는 어린 날
제 몫의 식판을 생각했다는데
환경 탓만 하던 내 지난날 절뚝거리며
저만큼 걸어가고 있다

오늘 아침
새의 날갯짓 같은 파닥파닥한 이야기
압력밥솥의 밥물 끓는 소리보다 더 우렁차게 들린다

폭설

1

온통 하얗다는 것이 무엇인지
오늘 나에게 물어보았네

그저, 머릿속이 하얘졌네

다 부려놓고
길게 누워 있는 하얀 능선
적멸

2

당신이 소리 없이 떠난 후
지층에서 새어 나오는
사랑해사랑해사랑해사랑해사랑해사랑해

등대

사랑한다 말하고 있네

고독하다 말하고 있네

먼 수평 바라보며 줄 하나 긋네

어떤 부음

동창생 부음을 받았다
오랜 책갈피 속 이름이다

노화도에서 읍내로 유학 온
옆집에서 자취했던
까무잡잡한 까까머리 머슴아

길모퉁이에서 기다리다가
물동이를 이고 가는 내게 선물이라며
쪽지 한 장 불쑥 내밀어
나보다 더 당황한 양동이 속 물 출렁
길바닥에 쏟고 말았지

졸업 후
두 번째 소식이 마침표라니

오랫동안 방치해두었던
낡은 나의 시간이

반대 방향으로 총총히 걸어가고 있다

오늘
마파람 한 줄기
나의 두 뺨을 때리고 서쪽으로 불었다

아버지

삐딱한 마음과 너덜너덜해진 마음마저 다 받아주는

늙은 의자

제3부

새들의 길

새들이 1번 국도를 날아가고 있다
몽골 초원 지나
멕시코 인디오마을 돌아
아주 먼 곳까지 깃 쳐가는 저 날개들

나무막대로 바람을 솜사탕처럼 툴툴 마는 것 같다
막힌 길도 아이스크림처럼 스르르 녹여내는 것 같다
하여, 먼 길 징검다리 건너듯
건너갈 것 같다

가볍게
가볍게
바람을 밀며 가는 저것들

허나, 현실이라는 날개는 가볍지 않다
허공 속 저 새들 날개도 사실은 더 무거울 것이다

참나무 숲에 참나무는 없네

바람도 없는 날
너머의 숲에서 핸드폰 속으로 날아온 잎새들

얼은 영혼이고 굴은 통로라는 뜻이 있다고 굴참나무 이파리 하나 날렸네 얼굴은 그냥 얼굴인 줄만 알았네 졸참나무는 가지가 찢어질 듯 노랗게 매달린 감나무를 날렸네 가을을 한 번 더 느끼는 건 호사일 것이네 갈참나무는 '다정도 병인양하여' 시조집 한 권을 들고 대모산을 쓸쓸히 걷고 있다네 쥐띠 아들과 소띠 며느리가 딱 결혼식만 하고 오피스텔에 몸만 들어가 사 개월 살다가 쌀 한 가마도 안 되는 육십 킬로그램 가방만 달랑 들고 호주살이 떠났다네 가슴이 싸하네 준비 안 된 것 모두가 제 죄인 양하는 결혼 못한 소띠 아들이 떠오르네

떡갈나무 이파리에 쓰인 숫자 65에서 75 사이, 어느 노 철학자는 생의 절정이었다고 고백했네 어떻게 살까를 다시 생각해보네 신갈나무는 '프레임의 법칙'을 날렸네 질문이 달라져야 답이 달라짐을 새롭게 배우네 상수리나무는 날마다 '조간 브리핑 짬뉴스'를 날리네 새삼 나라의 병이 깊음을 알겠

네 꽃들이 꽃불을 켜 손에 손에 들고 광장으로 가네

숲을 아름답게 하는 참나무 친구들아

가을이 쌩하며 가고 있네
오늘도 고독하기는 글렀네

은행나무

공원, 다크서클 깊은 나무벤치 옆
큰 키에 눈매 서늘한
은행나무 두 그루

오랜 기다림을 기다림으로 지웠던
우는 것이 태생인 매미 몇 마리 찾아와
소리쳐 울다 떠나가면

그 뜨겁던 여름날의 기억으로
나무는 노랗게 물든다

한 시절 무성하게 그늘 만들고
벼처럼 묵직해져 고개 숙이며
가벼운 마음으로 툭툭 어깨를 턴다

가장 빛날 때
내려놓을 줄 아는 나무
가지 끝 빈방에

투명한 하늘 들이고 있다

내 삶도
계절 계절을 잘 섬긴 은행나무처럼
방 두어 개 비워두고 싶다

그냥 슬프다는 것은 슬픈 것이 아니다

느닷없는 광풍이었습니다
시간이 엎질러져 뒹굴었습니다

말발굽 소리처럼 다가오던 화급한 시간
요술거울을 보고 있었던 일곱 시간

거대한 폭력의 시간 앞에서
망연자실 고개만 숙였습니다

고개를 들어 생각할 때마다 꽃들이
아·프·게·아·프·게 핍니다

미안하다는 말이
정말 미안할 때가 있습니다

허공의 벽
—유전무죄 무전유죄

저녁 여덟 시
온갖 눈총이 티브이를 겨냥한다

초원의 법칙을 어긴 살쾡이 한 마리
매듭은 풀기 위해 있다는 듯
올가미를 유유히 빠져나간다

먹고 살기 위해 날아가다가
거미줄에 걸려 오도 가도 못한 나비잠자리가
저녁 내내 눈에 아른거리는 저녁

차암! 염병할 세상!

허공의 벽을,
창문이 내다보고 있는 방향으로
눈빛들이 내다보고 있다

오동꽃 피는 오월

이제야 말하지만
그해 오월, 모진 바람이 불었다
미처 피지 못한
꽃봉오리들
뚝뚝 떨어져 땅 위에 뒹굴었다

1980년 오월 완도
읍내 확성기를 타고 흘러든 말
'저녁에 시위대가 들어오니 모두 불을 끄고 있으라'

그날 저녁 깊은 정적이 감돌았다
귀 먼 나는 막연한 불안감으로 불을 껐으나 더러 더러는
불을 환·하·게 켜놓았다
다음날 아침
교련복을 입은 학생이 있었네, 여성회에서 김밥을 만들어 주었네
그들이 떠난 뒤편에 소문이 무성했다

어둠이 빛을 삼켜버린, 입이 닫힌 기형의 세상이었다

편지를 쓴다
그대들의 영혼 같은 하얀 오동꽃 피었다고
오월이라고,

튀어라 노루

떡눈 하릴없이 내리는 일요일 아침
몇 번이나 망설이다 민오름 오르는데
목장에 내려와 놀던 노루 세 마리
놀라 달아난다

이런 게 삼십육계라는 듯
냅다 줄행랑이다

설원의 티끌이 된 일행 몇은 환호하고
셔터를 누르고
나도 모처럼 환해져서
오늘 오길 잘했다고 생각하며
노루에게 당부하는데

노루야
호기심은 잠시 접고 뒤돌아보지 말고 튀어라

놀라 뛰는 저 모습

우리는 쉼이고 평화라고 좋아하지만
저들은 살아야 하는 전쟁이 되었다

채마밭, 농부의 수심이 깊어지지만
경계의 안쪽 땅이 애초에는 저들의 놀이터였을 터

사람들은 배고픈 옛날을 생각하며
살기 좋은 세상에 산다고 말하는데
저들은 옛날을 꿈처럼 그리워하며 살 것이라 생각하니
선한 눈망울이
허공에 찍힌 반원형의 큰 발걸음이
자꾸 떠오른다

저들도 함께, 살기 좋은 세상이 되는 길은
정녕 없는 것일까

문주란

쉿, 비밀이야

칠월 어느 날
콧대 높은 여자 보라는 듯

중심 아닌 옆구리
비장하게 찢고
연록의 꽃대를 쑥 올리고

맺힌 이슬 한 방울
화룡점정

그녀의 하얀 비밀
사르르사르르 발설되고 있다

오월의 편지

담장 안 목련 한 그루
잎 틔우기 전,
하얗게 꽃부터 피우더니
어느새 입술 꼭 다문 채 땅으로 젖어들었다

그대들의 열망처럼
하얗거나 자줏빛이었거나
꽃으로 환히 피었다 떠난 자리

초록의 언어 위에
수만 땀 햇살이 비처럼 내린다

떠난 꽃들이 미처 다하지 못한 말
손바닥 같은 파란 종이에 적어놓은
소인 없는 파란 문장의 편지를
오늘은 다 읽기로 한다

유리벽 시간

친정집에서 보내온 호박고구마 한 자루
이제 귀하신 몸인지라
부엌 아랫목에 모셨다

가만히 자루 속 세상 들여다본다
그만그만한 저를 닮은 몽톡한 얼굴들
스멀스멀 오른 열기에 자줏빛 싹을 틔우고 있다

번식의 저 본능
그중 생기발랄한 까만 얼굴의 그녀를
유리컵에 담아 창가에 두었다

달라진 환경에 한참 동안
몸을 움츠리고 미동이 없다
차고 견고한 유리벽을 타고 오르는 일은
지독한 고독함인가 보다
동장군 물러간 후
서서히 유리벽을 타고 오른다

삶의 레일을 이탈했다
낯선 곳으로 터전을 옮겼다
파랗게 독이 올라 입 앙다물고
긴 터널의 벽을 타고 올랐다
햇살 한 다발 끌어안은 그녀,
그렇게 꿈을 꾸고 있다

다섯 계절의 성

방 윗목,
빛바랜 5단 티크목 서랍장에 계절이 산다
층마다 봄 여름 가을 겨울
계절 밖의 계절까지
한 동에 산다

너무 반듯한 모양새가 가끔 소심해 보일 때도 있지만
빈 구석을 꽉 채우며 서 있다

오래전 꿈을 묻던 날부터
동거가 시작되었다
저것을 낳아준 어미의 닳아 뭉툭할 손마디 끝을
생각하다가

성목이 된 후 통과의례 같은
많이 아팠을 그날을 생각한다
꿈 많던 시절의 이력이 궁금하다

고향은 어디일까
벵골호랑이 나이테 옷을 입을 때까지
얼마나 자신을 단련시켰을까
혹 울울창창 열대우림을 날마다 그리며 사는 것은 아닐까
빨간 모자 마나칸을 알고 있을까

계절 바뀔 때마다 늙은 성은 버려질까 두려워
어두운 제 그림자 내려다보며
실직을 앞둔 아버지처럼 궁리가 깊을지도 모른다

갈빛 잎사귀들 한데 모여 사는
늙은 계절의 성
오랜만에 정갈한 마음으로
뽀득뽀득 광이 나도록 닦는다

나비야 나비야

폐업 딱지가 붙은 가게에서 풀죽은 옷들을 보다가 요란스러운 사이렌 소리에 밖으로 나갔다 마라톤 대회였다 민국일보라고 쓰인 흰색 깃발이 흰 차량에 매달려 자랑처럼 나부끼는데 자랑이 될 수 있었다 열 몇 대쯤의 차량이 선수들을 호위하며 줄지어 지나가고 한참 후 한 선수가 혼자서 힘겹게 뛰어오는데 마지막 주자인 듯했다 그때까지 길가에서 그냥 구경만 하고 서 있던 사십 대 초반으로 보이는 여자 셋이 약속이라도 한 듯 '힘내세요'를 크게 외치며 막 손뼉을 쳐주는데, 멀뚱히 서서 바라보기만 하던 나도 덩달아 손뼉을 치는데,

애벌레였다
나비가 되기 위하여
떨어진 이파리 뒤에서 겨울을 견디며
봄을 기다리는

그저, 빛 같은

무수천 걷다가 무심히 쳐다본 바윗돌 하나

몸통에 둥근 구멍이 나 있다

돌멩이에게 제 몸을 내어주고

견뎌온 시간이 얼마란 말이냐

돌멩이와 물과 바람이

바윗돌과 함께 걸어온 날들을 가늠해보니

아득히 걸어온 내 생도

바윗돌의 눈으로 보면

그저, 빛 같은 찰나

산, 길을 내다

숲속에서 길을 물었으나
대답이 없다

스쳐가는 바람 자락마다
사륵사륵 곧은 날을 구부리는 조릿대
철쭉들 웃음소리 온 산에 왁자하다

햇병아리 걸음으로 먼 길 당차게
걸어 올라온 보랏빛 제비꽃
머리에 하늘을 이고 있다

화석이 된 수많은 발자국 위에
또 한 겹 까만 나의 발자국이 찍힌다

그땐 왜 그랬을까
아무렇지 않게 내뱉었던 말이
너에게 상처라는 걸
욕망이 다 길이 될 수 없다는 걸

고봉에 쉽게 닿으려 했던 게
실패의 확률을 더 높였다고
물빛 하늘이 말없이 말한다

내 안의 웃자란 나무들이
반성의 자세로 서서
티 없는 하늘을 바라본다

산은, 더는 갈 수 없는 끝에서
환하게 길을 내고 있다

이름을 불러준 적 없는 그녀에게

한집 식구가 된 지 삼 년이 지나서야
이름이 궁금해졌네

거실 한구석에 말없이 서서
나의 무관심을 그녀가 무던히도 잘 견뎌준 것
그것은 소리 없이 잘 자라준 네 탓이라고
또 남 탓을 하면서

오늘은 긴 머리를 예쁘게 잘라주어야겠다고 생각하면서
앞으로는 안부를 자주 물어야겠다고 다짐하면서
이름도 묻지 않은 채 식구로 맞이한 죄를 사과하면서

해피트리
이름값을 잘하고 있는 행복나무
오늘 나는 밥값을 했는가 반문하게 하네
이파리 위에 유리창 넘어온 아침 햇살
살포시 엉기네

제4부

연분홍 삽화

'용홍사 단풍이 너무 고와서'
어슴푸레 걸어오는 저녁을 타고 들려오는 목소리
붉게 익은 속 깊은 단풍나무 한 그루
파랗게 젖어 있다

색채 깊은 희수(稀壽)의 여자

'아직 단풍이 곱다'고
귀밑머리 하얀 목소리에 오롯이 담겨 있는
열일곱 단발머리 소녀
연분홍 꿈

소리의 집

언제부턴가
얼굴 없는 누군가 나를 찾아와
한여름 매미처럼 길게 울다 가곤 한다

무슨 일인지 궁금해지다가
거북 등처럼 딱딱해진 시침의 발자국인가 생각하다가
먼 길 미리 울 필요 없다고
윽박지르기도 하다가

그러나 그 울음이 슬퍼지는 날이 있다

그렇게 쉽게 가버렸구나 울컥하며
잊을 법도 한 흘러간 저 너머 일까지 떠올리며
술 취한 여자처럼
주절주절 끝없이 사설을 늘어놓는다

그 길 따라 묵묵히, 때론 조바심치기도 했을
굳은 발등을 내려다본다

그래, 울고 싶을 땐 울어라
한 소절 한 소절 제대로 꺾으며 마음 풀릴 때까지
실컷 울어 보거라

울음도 따뜻한 집이 필요했던 모양이다

빨간 백리향

누렇게 바랜 골동품이 다 된 냉장고 문짝에
'백리향' 중국집 스티커가 붙어 있다

몇백 리 너머로 이사 온 지 십여 년이 지나도록
스티커를 떼어내지 못한 것은
오래된 앨범처럼
지난날의 추억을 담고 있기 때문이다

눈이 작은 중국집 사내아이 얼굴이 떠오르고
이름을 기억해내고
얼굴도 모른 옛 펜팔 친구를 떠올리고
초등학교 졸업 후 소식 끊긴 동네 친구
명자 경순이를 생각하고

은은한 향기 따라 시침의 발자국 무수히 찍힌
그 길을 걷는다

새 냉장고를 들여와도 다시 냉장고 문짝에 심어져

향기를 전해줄 '백리향'

무심히 지나다가
어쩌다 엊그제 심은 듯 싱싱한 빨간색
'백리향'에 눈길 머물면
식탁에 둘러앉은 식구들은
좀처럼 시들지 않는 추억 몇 접시 상 위에 놓고
즐거운 추억의 포식자가 된다

가끔씩 찾아오는

아버지 머리맡에는 줄이 달린 동그란 회중시계와 약봉지가 늘 놓여 있었다. 초등학교를 갓 입학한 어느 날 꽃상여 뒤를 따르던 날, 그때 울었는지는 기억나지 않는다. 갓 돌 지난 동생이 있던 마흔두 살의 엄마,

중학생이던 어느 날 초저녁 손 흔들며 파월선을 탄 오빠가 전사통지서 한 통으로 돌아왔다. 아들을 그리워하던 밤마다 자정을 넘은 고요가 출렁거렸다. 나는 잠든 척 엄마의 고요를 기다리며 두려운 밤을 죽이고 죽였다.

산기슭에 서 있는 한 그루 밤나무처럼 푸른 가시로 알밤을 감싸고 기다리며 고단함을 묻었을 것이다. 훗날 엄마는 지난날을 떠올리며 오로지 일곱 새끼들 생각에 외로움이 뭔지 모르고 산 세상이라 했다.

하늬바람으로 엄마가 소리 없이 다녀가는 날이면 별빛 깊은 고요가 오래된 날을 생각하고, 또 생각나는 것이다.

개미

이른 아침, 어린 햇발이 부르는 소리에 마당으로 나왔다 부지런한 개미들 벌써 마당가에 길을 내며 오가고 있다 제법 분주한 모습이다 제 몸보다 더 큰 먹이를 물고 부지런히 가고 있는 녀석도 있다 어디까지 가는 걸까 한참 동안 물끄러미 개미들을 바라보았다

어머니 모습 스쳐 지난다 여덟 식구의 가장인 어머니의 허리는 잘록해진 개미의 허리였다 남보다 일찍 모내기를 끝낸 어머니의 머리에는 어느새 생선을 가득 담은 빨간 고무통이 머리에 얹혀 있곤 했다

꽃밭, 종려나무 밑둥치까지 길을 내고 있는 개미들 마당 물청소를 하려고 들었던 고무호스를 나도 모르게 살며시 내려놓았다 사람이나 미물이나 산다는 것은 크게 다르지 않음을 그제서야 알았다

꽃에게 죄를 묻다

어머니 몸에 꽃이 피었다
뿌리번식을 한다는 꽃
빼곡하여
잔명의 최고장이 고지되었다

마지막일지도 모를 어머니를 본 후 간다는 말도 못하고 뒤돌아섰다 가게를 쉴 수 없는 빨간 나의 경고장 몇 시간을 달려 막 가게에 도착했는데 침묵을 깬 다급한 전화벨이 울린다 다시 돌아선 저녁 어스름, 찻길 어깨까지 덮은 허연 안개는 남의 속도 모르고 제 이야기만 끝없이 풀어내고 있었다 항상 머물러 있을 줄만 알았던 어머니,

지금 혼자
그 강을, 건너고 있다

눈가에 자주 손이 갔다

오므린 분홍 꽃잎 몇 점 천천히

내려앉았다

다음 생이 시작되고 있었다

유년의 겨울밤

저녁때가 한참 지난 겨울밤
미역 공장 간 엄마
밤일까지 하시는지 안 오신다

바람 내달릴 때마다
문풍지 떠는 소리
장독대에선 무언가 떨어지는 쨍그랑 소리
간간이 들려오는 쥐 울음소리

닳아진 문틈으로 들어오는 온갖 소리에
움찔움찔 작아지던 가슴
작은 소리 하나 놓치지 않던
두 귀 원망하며
밤을 죽도록 미워하며
무서움 잊으려 이불 뒤집어쓰고
기다리던 엄마

온갖 성깔 부리던 바람

뜯어놓은 배춧잎처럼 시들해지고
기다림에 지친 문돌쩌귀
끄덕끄덕 고개 수그릴 때쯤

참 더디 오던,
엄마의 발걸음 소리

민화 한 폭

담장 밑 빈터에 호박씨 몇 알 묻었다
흙은 키를 바싹 낮춘 햇살 버무려
온몸으로 씨앗을 품어주고 있다

어린 날, 아침 일찍 텃밭에 간 어머니
사람들이 들끓는 오일장 날을 잡아
호박이 열리지 않은 덩굴에 매를 내렸다

어머니 가슴속에도 매가 있었다
공부가 싫다며 상경하겠다는 오빠, 책을 불사르겠다고 으름장을 놓으며
상심한 얼굴로 마루 독 안에 책을
숨기던 어머니

학교를 졸업하고 자원입대한 그 아들
다시 돌아오지 않았다

우리가 잠든 밤이면

어머니는 머나먼 월남 땅 밀림 속을 서성거리곤 하셨다
그런 밤마다
어머니의 꽉 깨문 어금니 사이로 새어 나오던
계면조, 그 아리던 영혼의 음률
밤은 삼백 리쯤 더 길어졌다

가슴에서 스러진 별 하나
가슴에 심고

떡잎 두 장 나란히 틔운 담장 그늘에서 오늘
어머니의 하늘 올려다본다

어머니

어머니
이승 밧줄 놓을 때

힘없이 눈 한번 뜬 것은
그냥 뜬 눈 아니라 하네

그 눈꺼풀 천근만근 무겁다고
염을 마친 염장이 침묵처럼 말하였네

자식 한 번 더 보려고
온힘 다해 눈꺼풀 밀어 올린 거였네

어머니
떠난 후에 알았네

바람의 말

첫서리 내린 늦가을
병실 창가에 있는 담장 밑
천리향 한 그루
불그스레 작은 꽃망울 틔우고 있다
겨울, 시리디시린 눈발이
몇 차례나 더 다녀간 뒤
이른 어느 봄날
천리향은 마치 몸살을 앓듯
드디어 제 몸을 열고 있는 것이다
이제 꽃망울들은
어린 시절 눈발이 다녀가며 귀띔해준
이야기보따리를
천 리를 걸어가는 보폭마다
풀어놓을 것이다
바람 따라 그 이야기들
천리만리 풍문처럼 번질 것이다

쉼표

푸르스름 기억으로
퍼렁한 봄동 몇 포기 마트에서 집으로 오면
갓 지은 햅쌀밥의 김처럼 스멀스멀 피어오르는 생각들
나는 증명된 어머니의 맛이 그리워
오랜 기억의 숲으로 떠나네

청색 나이아가라 긴 치마를 입은
내 기억 속 가장 젊은 어머니가
부엌에서 봄동을 손으로 뚝뚝 뜯어
된장국을 끓이고 있네

하얀 양은솥에서 푸른 잎들이
연하고 무르게 떠오르네

봄동 된장국 끓어오르듯
청색 긴 치마를 입고 계시는 어머니
당신 생각으로
토란잎 같은 넓고 푸른 저녁

나를 나로 살게 하는 오랜 기억이 낮게
마당가 채송화로 송이송이 피어
코끝이 싸해지네

이월의 간이역

가로수 벚나무가
맨몸으로 날선 바람을 맞으며 걷는
오늘

속이 부글거린다
잘 작용하면 숙성이고, 잘못 작용하면 부패가 되는

간밤 얼음장 같은 방에 몸을 덥혔을
부스스한 사십 대 사내가
구직 신문을 움켜쥐고 버스정류장에 서 있다

깊이를 알 수 없는
막막한 바다를 떠돌던 그런 때가
내게도 있었다

나의 어제가 누군가의 오늘이 되고
누군가의 내일이 되기도 한다

이월의 간이역에서
거칠던 찬바람은 유순해진다

앙상한 나무의 내부에 서서히 번지는
연분홍 꽃잎의 결의, 저렇게

벚나무처럼
그에게도 봄이 오고 있을 것이다

길 없는 길

아이엠에프, 망망대해의 바다 위
길이 될 수 없는 부표들이 어지럽게 떠 있었다

가게에 진열된 옷가지들이 길거리로 나섰다 허둥거린 나를 들키지 않으려 먼 하늘로 눈길을 두었다 갈 데까지 가본 적 없는, 시계의 초침 소리에 다리가 휘었다 끝이 누렇게 닳은 등기부등본의 심장을 파먹고도 직성이 풀리지 않은 질펀한 어둠이었다 오를 수 있는 삶이 더는 없을 것만 같은 깊은 절망감이 바닷물처럼 밀려왔다 밀려가곤 했다 풀리는 걸 보고 싶어 했던, 상심한 듯 내려다보고 있는 어머니 영정사진 앞에서 눈이 짓물렀다

낯설고 물선 곳, 그 누구의 뿌리도 허용하지 않겠다는 듯 흙은 단단했다 발뒤꿈치가 자주 아팠다 바깥으로 향한 마당 귀를 단단히 여몄다 척박한 곳에 뿌리를 내리고 절벽을 타고 오른 담쟁이덩굴처럼 악착스레 기어올랐다

건조한 해안에 서서히 밀물이 비치기 시작했다

먼 바다를 돌고 돌아서 온
배 한 척,
항구에 짐을 부리다라고 쓴다

가문동 카페

가문동 해변
우리말 서툰 미국인 부부
하얀 집 외벽에 '종이 시계' 이름표를 달아주었다

까만 바다에 뿌리를 박고
담쟁이덩굴처럼 하늘 벽을 타고 오른 별무리
간간이 떠 있는
아내가 기다리는 쓸쓸한 어선 몇 척

누가 그려놓고 떠난 것일까
작가를 알 수 없는
밤바다를 배경으로 그린 풍경화 한 폭
유리창 너머 허공에 걸려 있다

포구에 기대어 있는
빈 배의 아랫배를 어루만지던 물결
슬그머니 손 놓고 돌아서면
헤이즐넛 향 물무늬처럼 번진다

어릴 적 연필로 하얀 종이 위에 그리던 시계
그 자리 시곗바늘 그대로인데
쉼표도 없이 오가던 시간
나는 어디쯤 있나

말없이 밤바다를 비추는
졸음에 겨운 희미한 선착장 가로등 불빛 위로
어린 그리움이
물결 따라 찰박찰박 걸어오고 있다

성산포

밀감 껍질을 까서 입안에 넣을 때마다
툭툭 터지는 단물을 느낄 때마다
삼촌 생각이 난다
밀감나무 가지를 자르다 말고
느닷없이 전지가위를 던져버리고 싶다던 삼촌
가지들이 잘려나갈 때마다
제 팔뚝을 자르는 것 같다고 괴로워하던
한없이 마음 여린 삼촌
밀감을 먹을 때마다 나는 왜
그 바보 같던 삼촌이 떠오르는 것일까
혀에서 떠나지 않은 밀감의 단물
그것은 희망이라는 햇빛 한 조각
그것은 사랑이라는 물 한 모금
스미고 스민 밀감을 먹네
아, 삼촌의 아름다운 마음을 먹네

해설

모성성의 확장과 포용의 미학

서안나 시인

1. 울음도 따뜻한 집이 필요했던 모양이다

이윤승 시인의 첫 시집 『눈가에 자주 손이 갔다』는 모성성의 확장과 포용의 미학을 개성적으로 선보이고 있다. 시집에서 중심 소재인 어머니의 강인한 삶과 그에 기반한 모성성은 생과 초월하는 영속하는 생명의 순환론적 세계관을 지향하고 있으며, 주변 사물과 소통하고 교류하는 공감의 의지로 발현되고 있다.

이 때문에 이윤승 시인의 시집을 읽다 보면 가슴 한편이 자주 아팠다. 그중에서도 유독 나의 눈길을 끌었던 구절은 "울음도 따뜻한 집이 필요했던 모양이다"(「소리의 집」)였다. 나는 시집 원고를 읽으면서, 그 문장에서 자주 멈추어 서곤

했는데, 어쩌면 이 한 구절이 이번 시집 전체를 들어 올리는 힘을 지녔다는 생각도 해보곤 했었다. 그리고 그 문장을 읽을 때마다, 나는 보들레르가 좋아했던 와인의 이름을 자연스럽게 떠올리곤 했다.

샤또 샤스 스플린(Chateau Chasse Spleen)이라는 와인이 있다. 와인 이름을 직역하면 "슬픔이여 안녕(to chase away the blues)" 쯤으로 풀이할 수 있다. 보들레르가 프랑스의 브르고뉴 지방의 한 와이너리를 방문했을 때, 와인 맛에 감동하여 그가 직접 헌정한 이름이기도 하다. 그는 이 와인을 무척 아껴, 와인을 마시고 우울증을 극복했다는 이야기도 함께 전해지고 있다.

보들레르가 와인을 마시며 슬픔과 이별했다면, 시인의 자전적 체험이 엿보이는 이윤승의 시집은 어머니와 나의 "울음"을 껴안아 주는 한 채의 따뜻한 집이라는 생각마저 들게 한다. 시적 화자가 어머니의 울음을 포용하는 힘은 곧 자신을 위무하고 치유하는 행위와 다를 바 없기 때문이다. 이윤승의 시 세계가 지니는 시적 개성은 고통스러운 과거와 화해 시도를 통해 타자와 소통하려는 시적 지향점을 선보이고 있다는 점이다.

2. 상처 입은 모성과 포용의 미덕

한국 현대시에서 모성 담론은 여성이 지닌 여성 육체의 무한한 가능성에 주목하기보다 가정 내에서 출산과 양육 그리고 가사노동에서의 희생과 헌신의 정도로 여성의 능력과 가치를 판단해왔다. 또한 여성이 지닌 욕망은 자녀 양육자라는 한정된 모성의 틀에 가두는 왜곡된 성 정체성의 고착화란 결과로 귀착되어왔다. 결국 남성중심주의 가부장적 사회에서 여성은 열등한 존재인 동시에 무기력한 타자의 자리를 점유하기에 이른다. 그러나 이윤승 시인의 시집에서도 나타나는 모성성은 수동적이고 고전적인 여성상이 아닌 강인한 생명력을 지닌 존재로 등장하고 있다.

아버지 머리맡에는 줄이 달린 동그란 회중시계와 약봉지가 늘 놓여 있었다. 초등학교를 갓 입학한 어느 날 꽃상여 뒤를 따르던 날, 그때 울었는지는 기억나지 않는다. 갓 돌 지난 동생이 있던 마흔두 살의 엄마,

중학생이던 어느 날 초저녁 손 흔들며 파월선을 탄 오빠가 전사통지서 한 통으로 돌아왔다. 아들을 그리워하던 밤마다 자정을 넘은 고요가 출렁거렸다. 나는 잠든 척 엄마의 고요를 기다리며 두려운 밤을 죽이고 죽였다.

산기슭에 서 있는 한 그루 밤나무처럼 푸른 가시로 알밤을 감싸고 기다리며 고단함을 묻었을 것이다. 훗날 엄

마는 지난날을 떠올리며 오로지 일곱 새끼들 생각에 외
로움이 뭔지 모르고 산 세상이라 했다.

하늬바람으로 엄마가 소리 없이 다녀가는 날이면 별빛
깊은 고요가 오래된 날을 생각하고, 또 생각나는 것이다.
—「가끔씩 찾아오는」 전문

이윤승 시인의 시집에 나타나는 어머니는 고달픈 삶을 사셨던 분이다. 시의 정황상, 어머니의 고통은 젊은 아버지의 병환과 죽음 그리고 청년기 아들의 죽음에 기인하고 있다. "나"의 유년 시절에 보았던 아버지는 "머리맡에" "약봉지가 늘 놓여 있"던 병약한 존재이며, 결국 아버지는 "나"가 어린 나이에 죽음을 맞이했다. 이때 어린 동생은 두 살이었고, 어머니 또한 마흔두 살의 젊은 나이였다.

시적 화자인 "나"의 가족사의 비극은 여기가 끝이 아니다. 아버지의 죽음으로 인한 상처가 회복되기도 전에 오빠의 죽음이 덧칠해지고 있다. 아버지의 부재와 더불어 오빠의 부재는 가족의 삶을 관통하는 깊숙한 내상이었다. 하지만 어머니에겐 남편과, 건장한 아들의 죽음을 슬퍼할 여유마저 허용되지 않았다. 어머니의 삶이란 "오로지 일곱 새끼들 생각"뿐이며, "외로움이 뭔지 모르고 산" 고통의 나날이었다. 그리고 어머니의 슬픔을 숨죽여 지켜보며 "두려운 밤을 죽이고 죽였"

던 나에게 어머니의 고통은 바로 나의 고통이기도 하다.

특히, 아버지의 죽음이라는 개인사적 비극과, 이데올로기로 인한 전장에서의 아들의 죽음으로 직조된 어머니의 삶은 견고한 울음의 무늬를 지니고 있을 뿐이다. 특히 젊은 아들의 죽음이 전쟁을 통해 야기된 비극이기에, 이때 어머니가 느끼는 상실감은 곧 개인사적인 고통을 넘어서서 상처 입은 모성의 상징으로 확장하고 있다.

어머니 몸에 꽃이 피었다
뿌리번식을 한다는 꽃
빼곡하여
잔명의 최고장이 고지되었다

마지막일지도 모를 어머니를 본 후 간다는 말도 못하고 뒤돌아섰다 가게를 쉴 수 없는 빨간 나의 경고장 몇 시간을 달려 막 가게에 도착했는데 침묵을 깬 다급한 전화벨이 울린다 다시 돌아선 저녁 어스름, 찻길 어깨까지 덮은 허연 안개는 남의 속도 모르고 제 이야기만 끝없이 풀어내고 있었다 항상 머물러 있을 줄만 알았던 어머니,

지금 혼자
그 강을, 건너고 있다

눈가에 자주 손이 갔다

오므린 분홍 꽃잎 몇 점 천천히
내려앉았다

다음 생이 시작되고 있었다

—「꽃에게 죄를 묻다」 전문

어머니
이승 밧줄 놓을 때

힘없이 눈 한번 뜬 것은
그냥 뜬 눈 아니라 하네

그 눈꺼풀 천근만근 무겁다고
염을 마친 염장이 침묵처럼 말하였네

자식 한 번 더 보려고
온힘 다해 눈꺼풀 밀어 올린 거였네

어머니
떠난 후에 알았네

—「어머니」 전문

죽어 토막 쳐 찢겨서야
제 향기를 온전히 드러내는 뻘떡게나
제주 바다를 끌고 밥상으로 올라온 등 푸른 고등어나
저마다 변신은 무죄라며
네모난 식탁 위에 올라 있다

둘러보니 직선의 길이다
네모난 부엌 싱크대 냉장고 밥상 전자레인지 도마 쟁반…
다시 둘러보니 곡선의 길이다
프라이팬 양푼 주전자 밥그릇 접시 물컵…

한생을 고스란히 바쳐
밥상 위에 다소곳 앉아 있는
누구를 위한 삶이었던가
지나온 날들을 반추해보며
여기까지 걸어온 모든 길이
제 탓임을 아는
저들의 겸손한 자세

길기도 하고 짧기도 한 젓가락 몇 쌍이
직선과 곡선의 가운데를 오가며
혹 치우칠 수도 있는 평형을 잡아주고 있다

—「밥상을 생각하는 저녁」 전문

시집의 표제시이기도 한 「꽃에게 죄를 묻다」에서, 나는 결국 어머니의 임종을 지키지 못한 불효자가 된다. 어머니의 임종을 지키지 못한 이유는, 나 또한 어머니처럼 일을 해야만 하는 상황에 처해 있기 때문이다. 어머니가 임종 직전에 눈을 한 번 더 뜬 것은 "자식 한 번 더 보려고/온힘 다해 눈꺼풀 밀어 올린 거였다"란 염장이의 전언을 듣고 난 후에 "나"에게 어머니의 죽음은 새로운 자각의 계기로 추동하고 있다.

어머니의 죽음을 통해 "나"는 죽음이 소멸이 아닌 "다음 생이 시작되고 있"는 생명의 영속성을 발견하고 있다. 동시에 모성이 지닌 무한한 사랑과 포용의 힘의 재발견은 주변 사물과 교류하는 소통의 장을 여는 역동성으로 작용하고 있다.

더 나아가 어머니의 죽음 이후에 "나"가 인식하는 세상은 밥상에 오른 먹거리에서도 죽음보다 생명의 순환성을 발견하기에 이른다. 어머니의 죽음이 주변의 모든 생명을 영위하게 해주는 생명의 에너지임을 감지하고 있다. 이러한 연기론적 사고는 곧 어머니의 죽음이 소멸이 아니라 생명의 영원성임을 자각하게 한다. 즉, 내 안에 각인된 어머니의 모성성은 죽음을 초월하여 봄동 새순처럼 푸른 새싹을 틔우는 자연의 모습을 닮아 있다. 나에게 있어 어머니의 죽음은 곧 삶과 죽음, 이성과 감성, 나와 타자라는 이분법적 사유를 봉합하고 사물과 생명의 본질로 나아가는 "평형"을 잡아주는 힘과도 같다. 이와 같이 이윤승의 시 세계는 어머니의 죽음에 절망하거나 개인적 정서를 비극적으로 토로하기보다는, 죽음이 곧 생의 탄생 바탕이며 새 생명을 추동하는 힘과 에너지라는 순환론적 세계관을 보여주고 있다.

3. 모성성의 확장과 순환론적 세계관

이른 아침, 어린 햇발이 부르는 소리에 마당으로 나왔다 부지런한 개미들 벌써 마당가에 길을 내며 오가고 있다 제법 분주한 모습이다 제 몸보다 더 큰 먹이를 물고 부지런히 가고 있는 녀석도 있다 어디까지 가는 걸까 한참 동안 물끄러미 개미들을 바라보았다

어머니 모습 스쳐 지난다 여덟 식구의 가장인 어머니의 허리는 잘록해진 개미의 허리였다 남보다 일찍 모내기를 끝낸 어머니의 머리에는 어느새 생선을 가득 담은 빨간 고무통이 머리에 얹혀 있곤 했다

꽃밭, 종려나무 밑둥치까지 길을 내고 있는 개미들 마당 물청소를 하려고 들었던 고무호스를 나도 모르게 살며시 내려놓았다 사람이나 미물이나 산다는 것은 크게

다르지 않음을 그제서야 알았다

—「개미」 전문

시에서 나는 정원을 물청소하기 위해 고무호스를 들고 있었다. 그러다 문득 꽃밭 종려나무 밑둥치에 구멍을 뚫고, 몸집보다 커다란 먹이를 물고 가는 개미의 행렬에 시선이 가닿는다. 허리가 잘록한 개미를 보는 순간, 농사일과 생선 장사와 가난으로 허리가 잘록하던 어머니를 떠올리고 있다. 이러한 시적 화자의 미시적 시선은 "사람이나 미물이나 산다는 것은 크게 다르지 않음을 그제서야 알았다."라는 아포리즘적 진술에서 타자와의 소통의 의지를 발현하고 있다. 사람과 미물이 다르지 않다는 시적 화자의 진술에서 위대한 모성의 힘과 생명의 소중함을 인식하는 시인의 순환론적 세계관이 강조되고 있다.

내 방 창문 앞, 후박나무 빈방을 빌려 비둘기 부부가 이사를 왔다 그들도 출산을 위해 분명 좋은 환경을 물색하였을 터, 후박나무 밑에서 겨울을 건너온 봄동이 입주를 축하하는 듯 파랑파랑하다 비둘기 어미는 불룩해진 배가 부끄러워 깃털 속으로 감추었던 것일까 소리소문없이 우윳빛 같은 뽀얀 알 두 개를 낳았다 터져 나오는 울음을 안으로 삼켜서 그것이 출렁거림인 줄도 몰랐다 날마다 알을 품고 있는 출산 의식이 사뭇 진지하다 그 강한 모성을

지켜보다가 그의 선한 눈망울과 마주칠 때 나도 모르게
먼 곳으로 눈길 돌린다 부족하지도 넘치지도 않는 묘한
감정이 그와 나 사이에 내밀하게 흐르고 있다 둥근 알 속
한 점이 끊임없는 어미의 온기로 완성을 향해가던 열아
흐레째 되던 날, 있는 힘 다해 낡은 집 박차고 나온 저를
닮은 여린 새끼 두 마리

한껏, 꽃대 밀어 올린 봄동이 노랑노랑 웃는 오후였다

—「봄이 일어서는 오후」 전문

「봄이 일어서는 오후」에서도 어미 비둘기의 모성은 어머니의 사랑으로 치환되고 있다. 나의 방 창문 앞 후박나무 아래 둥지를 튼 비둘기 부부의 새끼를 향한 사랑 그리고 어미 비둘기와의 눈빛을 교환한 후에 나는 어머니의 기억을 소환하고 있다. 어머니는 곧 생명의 탄생을 관장하는 위대한 가능성의 존재이며, 봄이면 봄동처럼 꽃대를 밀어 올리는 영속성의 존재이기 때문이다.

꽃댕강나무 꽃가지 꺾어
책상 위에 놓는다

작은 가지에 오종종히 매달린 흰 별사탕 같은 꽃 파랗
게 질려 개미 세 마리를 게워낸다 놀라 허둥대며 갈팡질

팡하는 개미들, 잘 살라는 당부를 묶어 멀리 내려놓았다 한참 후 책상 위에서 서성이는 개미들, 설마 하며 더 멀리 내려놓고 잊고 있었는데, 한사코 책상 위로 기어오르는 저것들

무엇일까
저들을 116번 책상 위로 불러들이는 힘은
꽃댕강나무꽃 마음자리
저도 모르게 배어 나오는 것은

—「나에게 묻는다」 전문

시적 화자는 꽃 이름마저 독특한 "꽃댕강나무 꽃가지 꺾어" 책상에 놓아두었다. 꽃잎 속에 숨어 있던 파랗게 질린 개미 세 마리가 책상 위로 기어 나왔다. 나는 개미를 살려주려고 책상 아래에 개미를 놓아주었다. 하지만 웬일인지 개미는 책상 위로 악착같이 기어오르고 있다. 개미가 다시 책상 위로 기어오르는 이유는, 바로 꽃 때문이다. 어미처럼 자신을 품어주던 꽃의 품으로 돌아가고 싶어서이다.

독특한 꽃의 이름처럼, "꽃댕강나무꽃"은 개미처럼 미숙한 자식을 품어주기 위하여, 자신의 몸을 댕강 꺾는 어머니와 닮아 있다. 꽃은 시들면서도 자식들을 품어주고 있으며, 죽음이 임박한 어머니의 품이 그리워 개미는 필사적으로 책상 위를 기어올라 꽃에 다가가고 있다.

이때 꽃의 마음은 곧 자식을 위해 헌신하고 희생하는 어머니로 은유화하고 있다. 개미의 무모한 행위는 시적 화자로 하여 위대한 모성의 힘을 다시 자각하게 한다. 이 사건을 통해 나는 나에게 질문을 던지고 있다. 그런데 질문을 던지는 나의 몸은 이전의 내가 아니다. 현실에서 어머니는 부재하지만, 내 안에서 어머니는 늘 젊은 모습으로 현현하기 때문이다. 내 몸 안에서 영속하는 젊은 어머니는 확장되고 팽창하는 우주적 육체이며 초월적 존재라 할 수 있다. 이처럼 확장되는 모성은 타자를 배제하기보다 포용하고 그들의 상처에 공감하는 의지의 실현이기도 하다. 따라서 시에서 내가 나에게 던지는 질문은 곧 내 안에 생명의 연속성으로 살아 계시는 우주적인 어머니 그리고 세상의 모든 어머니에게 던지는 생명의 탄생과 모성의 위대함을 자각하는 질문이기도 하다.

푸르스름 기억으로
퍼렁한 봄동 몇 포기 마트에서 집으로 오면
갓 지은 햅쌀밥의 김처럼 스멀스멀 피어오르는 생각들
나는 중명된 어머니의 맛이 그리워
오랜 기억의 숲으로 떠나네

청색 나이아가라 긴 치마를 입은
내 기억 속 가장 젊은 어머니가
부엌에서 봄동을 손으로 뚝뚝 뜯어

된장국을 끓이고 있네

하얀 양은솥에서 푸른 잎들이
연하고 무르게 떠오르네

봄동 된장국 끓어오르듯
청색 긴 치마를 입고 계시는 어머니
당신 생각으로
토란잎 같은 넓고 푸른 저녁

나를 나로 살게 하는 오랜 기억이 낮게
마당가 채송화로 송이송이 피어
코끝이 싸해지네

—「쉼표」 전문

어머니의 죽음 이후에 나에게 기억되는 어머니는 가장 젊은 모습으로 각인되어 있다. 마트에서 배달된 "봄동"을 보면서 나는 젊은 날의 어머니를 기억한다. 어머니는 "토란잎 같은 넓고 푸른 저녁"에 "나이아가라" 청색 긴 치마를 입고 퍼런 잎이 싱싱한 봄동 배추로 된장국을 끓이고 계신다. 봄나물을 손으로 뜯어 끓여주는 봄동 국은 바로 어머니의 육체와 다름없다. 미각으로 감각되어 체화된 모성의 힘은 곧 생생한 젊음과 에너지 그 자체라 할 수 있다. 나의 육체가 기억하는 어머니는 곧 "나를 나로 살게 하는" "기억"이기도 하다. 이윤승 시집에서 드러나는 모성성은 남성 중심의 가부장적 사회에서 굴종적이고 무기력한 수동적 여성상이 아닌 능동적이며 생명의 탄생을 관장하는 힘인 동시에, 세계의 마이너리티의 삶을 포용하고 타자의 고통을 공감하는 초월적 존재라 할 수 있다.

이 도서의 국립중앙도서관 출판시도서목록(CIP)은 서지정보유통지원시스템 홈페이지(http://seoji.nl.go.kr)와 국가자료공동목록시스템(http://www.nl.go.kr/kolisnet)에서 이용하실 수 있습니다.(CIP제어번호: CIP2017011644)

문학의전당 시인선 0259
눈가에 자주 손이 갔다

초판 1쇄 인쇄 2017년 5월 22일
초판 1쇄 발행 2017년 5월 29일
지은이 이윤승
펴낸이 고영
책임편집 서윤후
디자인 헤이존
펴낸곳 문학의전당
출판등록 제2017-000002호
주소 서울시 마포구 마포대로 11길 91, 3층
전화 02-852-1977 팩스 02-852-1978
전자우편 sbpoem@naver.com

ISBN 979-11-5896-322-4 03810

* 이 시집은 2017년 한국문화예술위원회, 제주특별자치도, 제주문화예술재단의 지원을 받아 제작되었습니다.